BEI GRIN MACHT SICH IHR WISSEN BEZAHLT

- Wir veröffentlichen Ihre Hausarbeit,
  Bachelor- und Masterarbeit

- Ihr eigenes eBook und Buch -
  weltweit in allen wichtigen Shops

- Verdienen Sie an jedem Verkauf

Jetzt bei www.GRIN.com hochladen und kostenlos publizieren

Katharina Gorski

Die Aufgaben der AWO

GRIN Verlag

Bibliografische Information der Deutschen Nationalbibliothek:

Die Deutsche Bibliothek verzeichnet diese Publikation in der Deutschen National-
bibliografie; detaillierte bibliografische Daten sind im Internet über http://dnb.d-
nb.de/ abrufbar.

Dieses Werk sowie alle darin enthaltenen einzelnen Beiträge und Abbildungen
sind urheberrechtlich geschützt. Jede Verwertung, die nicht ausdrücklich vom
Urheberrechtsschutz zugelassen ist, bedarf der vorherigen Zustimmung des Verla-
ges. Das gilt insbesondere für Vervielfältigungen, Bearbeitungen, Übersetzungen,
Mikroverfilmungen, Auswertungen durch Datenbanken und für die Einspeicherung
und Verarbeitung in elektronische Systeme. Alle Rechte, auch die des auszugsweisen
Nachdrucks, der fotomechanischen Wiedergabe (einschließlich Mikrokopie) sowie
der Auswertung durch Datenbanken oder ähnliche Einrichtungen, vorbehalten.

Impressum:

Copyright © 2005 GRIN Verlag GmbH
Druck und Bindung: Books on Demand GmbH, Norderstedt Germany
ISBN: 978-3-640-33893-1

Dieses Buch bei GRIN:

http://www.grin.com/de/e-book/127288/die-aufgaben-der-awo

GRIN - Your knowledge has value

Der GRIN Verlag publiziert seit 1998 wissenschaftliche Arbeiten von Studenten, Hochschullehrern und anderen Akademikern als eBook und gedrucktes Buch. Die Verlagswebsite www.grin.com ist die ideale Plattform zur Veröffentlichung von Hausarbeiten, Abschlussarbeiten, wissenschaftlichen Aufsätzen, Dissertationen und Fachbüchern.

Besuchen Sie uns im Internet:

http://www.grin.com/

http://www.facebook.com/grincom

http://www.twitter.com/grin_com

Westfälische Wilhelms-Universität Münster

Institut für Erziehungswissenschaft

Seminar: Wohlfahrtsverbände

Verfasserin: Katharina Gorski

Sommersemester 2005

Ausarbeitung zum Referat

„Aufgaben der Arbeiterwohlfahrt"

Inhaltsverzeichnis

Einleitung

Die Arbeiterwohlfahrt, deren Hauptausschuss im Jahre 1919 als Teil der sozialdemokratischen Partei durch Marie Juchacz gegründet wurde, ist „ein anerkannter Spitzenverband der Freien Wohlfahrtspflege", der demokratisch und föderativ aufgebaut sowie „konfessionell neutral" ist.[1]

Die Leitsätze der AWO begründen sich durch das Handeln nach den Werten des freiheitlich-demokratischen Sozialismus: Solidarität, Toleranz, Freiheit, Gleichheit und Gerechtigkeit.

Die AWO ist ein Mitgliederverband, der für eine sozial gerechte Gesellschaft kämpft und politisch Einfluss nimmt, was mit ehrenamtlichem Engagement und professionellen Dienstleistungen verfolgt wird.[2]

Im Folgenden werde ich die Aufgabengebiete der AWO beschreiben, was mein Teil des Referats im Seminar „Wohlfahrtverbände" war. Die von mir verwendete Literatur sowie die Quellen werden kurz in den Fußnoten und ausführlich im Literatur- und Quellenverzeichnis erläutert. Da die einschlägige Literatur über die Aufgabenbereiche der Arbeiterwohlfahrt hauptsächlich aus älteren Beständen besteht, habe ich mich z.T. auf aktuelle Beiträge aus dem Internet, u.a. auf die Homepage der AWO[3], bezogen.

1. Aufgaben der AWO

Die AWO bietet in allen Bereichen der Sozialen Arbeit soziale Dienstleistungen an, d.h. „vorbeugende, helfende und heilende Tätigkeiten auf allen Gebieten der Wohlfahrtspflege"[4]. Sie unterstützt Menschen, ihr Leben eigenständig und verantwortlich zu gestalten. Dabei wird in sozialer, wirtschaftlicher, ökologischer und internationaler Verantwortung gehandelt.

Das Dienstleistungsangebot richtet sich vordergründig nach den Bedarfen der Kunden.

Die Mitarbeiter sind fachlich kompetent, was durch Schulungen, Fort- und Weiterbildungen der AWO in verschiedenen sozialen und pflegerischen Bereichen erzielt wird.[5]

Die Aufgabenbereiche sowie deren Inhalte, Ziele und Dienstleistungen werden in den folgenden Punkten 2.1 bis 2.11 dargestellt.

---

[1] Landesarbeitsgemeinschaft AWO NRW (2002), S. 1. ff
[2] Landesarbeitsgemeinschaft AWO NRW (2002), S. 4.
[3] s.u. (Literatur- und Quellenverzeichnis)
[4] Boeßenecker, K.-H. (1995), S. 62
[5] Landesarbeitsgemeinschaft AWO NRW (2002), S. 4.

1.1 Familienarbeit und Familienbildung

Familienarbeit und Familienbildung ist ein sehr großes Aufgabengebiet der Arbeiterwohlfahrt. Sie setzt sich ein für die Vereinbarkeit von Familie und Beruf, sowie wohnortnahe Familienbildungsangebote, indem sie das Ziel verfolgt, die Familie in ihrem täglichen Zusammenleben zu unterstützen.

Die praktische Familienarbeit wird mit vielfältigen Angeboten wie Gesprächskreisen, Familienbildungsseminaren, Elternkreisen und Kursen für Eltern und Kinder durchgeführt. [6]

> „Die Familienbildung ist lebensweltorientiert und setzt am konkreten Familienalltag
> und Lebensumfeld an. Sie richtet sich an Familien unterschiedlicher Lebensformen,
> Lebensphasen und Lebenssituationen und berücksichtigt dabei regionale, lokale und
> kulturelle Besonderheiten. Dabei stehen das Vermitteln von Kenntnissen
> und Fähigkeiten gleichberechtigt neben Kommunikation und Begegnung."[7]

1.2 Erholung, Kuren, Reisen

Der Bereich Erholung, Kuren und Reisen gehört zu einer der ersten Tätigkeiten der Arbeiterwohlfahrt.

Ursprünglich wurden „preiswerte (Kurzzeit-)Erholungen für Arbeiter"[8] und in erster Linie deren Kinder von der AWO organisiert. Um den Bürgern aus der Arbeiterschicht eine Möglichkeit zur Erholung zu bieten, organisierte die AWO Erholungsmöglichkeiten, meist in Form von Stadtranderholungen. Des Weiteren veranstaltete der Wohlfahrtsverband verschiedene Aktivitäten wie Ferienwanderungen etc., die meist Sonntags oder in den Schulferien stattfanden. Damit die verschiedenen Angebote wahrgenommen werden konnten, wurden sie zumeist sehr preiswert bis umsonst bereitgestellt.

Aus den Kurzzeiterholungen für Arbeiter entwickelte sich ein wichtiges Aufgabenfeld der heutigen AWO. Sie verfügt derzeit über ein breit gefächertes Erholungs- und Kursystem mit eigenen Erholungsstätten, Mutter-Kind-Kurheimen und Familienferienstätten.

Vor allem für einkommensschwache Bürger mit geringen eigenen Mitteln bei Erholungsbedürftigkeit gibt es die Möglichkeit, Individualzuschüsse zu erhalten, was durch die jeweiligen Bundesländer der betroffenen Familien geregelt wird. Die Einrichtungen sind unabhängig von kultureller, ethischer, religiöser Herkunft und sind größtenteils behindertengerecht ausgestattet.[9]

---

[6] Niedrig, H. (1987), S. 115 ff.
[7] Grundsatzprogramm (1999), S. 20.
[8] Niedrig, H. (1987), S. 157.
[9] Niedrig, H. (1987), S. 158 ff.

4

1.3 Kindertagesbetreuung

Kindertageseinrichtungen der AWO sind soziale Dienstleitungen für Familien und Kinder. Hierzu wird Bildung, Erziehung und Betreuung für Kinder in unterschiedlichster Form angeboten. Die AWO verfügt über Krippen, Horte, Kindergärten, Kindertagesstätten, Spielkreise und Eltern-Kind-Gruppen. [10] Die ersten AWO- Kindergärten wurden in den 20er Jahren eröffnet mit dem ursprünglichen Gedanken, Kinder aufzunehmen, „deren Eltern aus sozialen, gesundheitlichen und erzieherischen Gründen nicht ausreichend imstande (...) [waren], für ihre Kinder selbst zu sorgen." Somit galt Kindertagesbetreuung als „Unterstützung und Ergänzung der Familienerziehung". Daneben wurden insbesondere Einzelkinder aufgenommen, um ihnen „in der Gemeinschaft den Übergang in die Schule zu erleichtern"[11]. Heute ist die AWO offen für alle Gesellschaftsgruppen, d.h. „sozialer Einfluss, politische Einstellung, Rasse oder Religion der Eltern und Familien..."[12] spielen für die Aufnahme in die Kindertageseinrichtungen keine Rolle. Die AWO verfügt derzeitig über ca. 120 000 Plätze in insgesamt 1800 Kindertageseinrichtungen, welche die grundlegenden Ziele verfolgen, die Kinder frühzeitig am Gemeinwesen zu beteiligen und soziale Werte und Kompetenzen zu vermitteln. Des Weiteren will die AWO die Möglichkeit zur Vereinbarkeit von Familie und Beruf geben, womit die Schaffung von Ganztagsplätzen eng verbunden ist. Die Hälfte aller Institutionen für Kinder sind daher Ganztagseinrichtungen. Mit den AWO Kindereinrichtungen soll zum Abbau von Benachteiligungen beigetragen werden, was z.B. mit integrativ ausgestatteten Kindertagesstätten für Kinder mit und ohne Behinderung erreicht wird.

Es wird nicht in jedem Ort dasselbe Dienstleistungsangebot gestaltet, sondern es orientiert sich in erster Linie an den Bedürfnissen der Kunden, was z.B. die Öffnungszeiten betrifft. Die Arbeit der AWO Kindereinrichtungen ist abhängig von der jeweiligen fachpolitischen Situation, welche derzeitig durch Kürzungen der öffentlichen Zuschüsse und die Marktöffnung gekennzeichnet ist. Die AWO steht somit vor der Herausforderung, für ihre Kunden ein auf sie individuell angepasstes Angebot zu präsentieren. Chancen in der Marktöffnung sieht sie insofern, dass verstärkter Wettbewerb eine noch stärkere Orientierung der Arbeit an den Bedürfnissen der Familien erfordert. Dieser Entwicklung begegnet die AWO mit einem umfassenden Qualitätsmanagementsystem, beispielsweise mit der

---

[10] Hoffmann, H. (2002), s.u.
[11] Hoffmann, H. (1989), S. 28.
[12] Hoffmann, H. (1989), S. 41.

5

Herausgebe eines Qualitätsmusterhandbuchs, worin die Aufgaben und Zuständigkeiten für die Qualitätsentwicklung, Grundsätze für eine fachliche Arbeit und wichtige Dienstleistungsprozesse etc. erläutert werden. Ein weiterer wesentlicher Aspekt von Qualität ist die Qualifikation der Mitarbeiter und Mitarbeiterinnen. So werden Mitarbeiterschulungen sowie Fachberatung angeboten.[13] Der für die Fachberater obligatorische Besuch von Qualitätsmanagementschulungen ist ebenso ein Zeichen für Qualität bei der Arbeiterwohlfahrt.

1.4 Jugendarbeit

Die Jugendarbeit der AWO orientiert sich an aktuellen Problemlagen der Jugendlichen und jungen Erwachsenen, wie Verhaltensauffälligkeiten, Suchtprobleme, Jugendarbeitslosigkeit etc.[14]

Angebote im Jugendhilfebereich der AWO sind Jugendberufshilfen, das Freiwillige Soziale Jahr, praktische Kinder- und Jugendarbeit, Schulsozialarbeit, Jugendstraffälligenhilfe, Jugendberatung sowie pädagogische und therapeutische Erziehungshilfen.[15]

Als Interessenvertretung von Kindern und Jugendlichen innerhalb der AWO gilt das Jugendwerk.[16]

Es werden Aktivitäten gestaltet wie Jugendclubarbeit, musisch- kulturelle Arbeit, internationale Begegnungen etc. Grundlegendes Ziel des Jugendwerks ist es, dass

„...junge Menschen durch ihr Engagement im Jugendwerk lernen [sollen],
als selbstbestimmte Persönlichkeiten an der Gestaltung des gesellschaftlichen
Lebens mitzuwirken und ihre Interessen und Rechte wahrzunehmen".[17]

1.5 Altenarbeit

Die Altenarbeit stellt das größte Arbeitsgebiet der AWO dar. Hierbei sollen alte Menschen unterstützt werden, leistungsstarke und qualitätsorientierte Angebote in Anspruch zu nehmen. Zentrales Ziel der Altenarbeit ist die Ermöglichung einer weitgehend selbstbestimmten Lebensführung in eigener Häuslichkeit.

Das Hilfesystem der Altenhilfe ist auf unterschiedliche Bedarfslagen abgestimmt. Dabei werden individuelle Bedürfnisse berücksichtigt sowie noch vorhandene Fähigkeiten gefördert.

---

[13] Hoffmann, H. (2002), s.u.
[14] Niedrig, H. (1987), S. 93.
[15] Niedrig, H. (1987), S. 97 ff.
[16] Grundsatzprogramm (1999), S.26.
[17] Niedrig, H. (1987), S. 197.

Die AWO unterhält eine Vielzahl an Angeboten der sozialen, körperlichen, psychosozialen Unterstützung und Begleitung, zum Beispiel in den Bereichen Altenbetreuung, Altenerholung sowie Geselligkeit und Unterhaltung. Mobile Hilfsdienste in Form von ambulanter Altenpflege stellen ein wichtiges Gebiet der Altenbetreuung dar. Das Pflegepersonal nimmt an von der AWO organisierten und durchgeführten Schulungen teil, um den Anforderungen innerhalb der Altenarbeit gerecht zu werden. Des Weiteren unterhält die AWO stationäre Einrichtungen für alte Menschen.[18]

1.6 Behindertenarbeit

Die AWO will bei einer „Verbesserung der Lebensqualität Behinderter und einer anderen Einstellungen der Gesellschaft gegenüber den Menschen mit Behinderung" helfen. Hierzu ist sie bestrebt, Hilfe zur „Normalisierung der Lebensbedingungen für behinderte Menschen und die Integration Behinderter in der Gesellschaft" beizutragen.[19]

Die AWO unterhält Rehabilitations- und Erholungseinrichtungen sowie Werkstätten für Menschen mit Behinderung.[20]

1.7 Frauenförderungsarbeit

Die AWO ist für eine gleichberechtigte Teilhabe von Frauen in allen sozialen Beziehungen, im Erwerbsleben und in der Politik.[21] Sie unterhält Frauen- und Mädchenhäuser für misshandelte und von Gewalt bedrohte Frauen und ihre Kinder und macht zahlreiche Beratungsangebote, zum Beispiel Familienplanungs- und Schwangerschaftskonfliktberatung.[22]

1.8 Beratungsdienste

Da der Anspruch an Beratung mehr und mehr zunimmt, bietet die AWO Beratungsdienste zu unterschiedlichen Themengebieten und Problemlagen an, wie beispielsweise Erziehungs-, Schuldner-, Scheidungs- und Suchtberatung. Des Weiteren verfügt sie u.a. über Beratungsstellen in der Straffälligen- und Wohnungslosenhilfe.[23]

---

[18] Niedrig, H. (1987), S. 125 ff.
[19] Grundsatzprogramm (1999), S. 19.
[20] Niedrig, H. (1987), S. 154.
[21] Grundsatzprogramm (1999) S. 23.
[22] Niedrig, H. (1987), S. 120 f.
[23] Niedrig, H. (1987), S. 193 ff.

1.9 Gesundheitshilfe

Die AWO orientiert ihre Arbeit im Bereich der Gesundheitshilfe an der Definition des Gesundheitsbegriffes der WHO:

> „Gesundheit ist der Zustand des vollständigen körperlichen, geistigen und sozialen Wohlbefindens und nicht nur das Freisein von Krankheiten und Gebrechen".[24]

Sie betreibt verschiedene Einrichtungen in der Gesundheitshilfe, beispielsweise im psychiatrischen und rehabilitativen Bereich. [25]

1.10. Internationale Aktivitäten

Die AWO fördert die internationale Zusammenarbeit mit dem Ziel eines friedlichen Zusammenlebens der Völker und des wirtschaftlichen Fortschritts.

Der Wohlfahrtsverband kommt seinen internationalen Beziehungen, Aufgaben und Verpflichtungen auf der europäischen Ebene, in der humanitären Hilfe bei oder nach Katastrophen und in der Entwicklungszusammenarbeit nach.

Diese Aufgaben werden unter dem Dach des Fachverbands AWO International e.V. durchgeführt.[26] Der Fachverband AWO International ist für o.g. Aufgaben zuständig und unterhält u.a. Projekte mit den Schwerpunkten Bildung, Ernährung, Gesundheit, Frauen und Kinder, Umwelt und Einkommensschaffung in den Ländern Indien, Nepal, Chile und den Philippinen. Dabei wird das Ziel der selbsthilfeorientierten Armutsbekämpfung verfolgt, d.h. es wird auf den Einsatz von eigenem Auslandspersonal verzichtet. Statt dessen wird der Grundgedanke der "Hilfe zur Selbsthilfe" konsequent umgesetzt durch die partnerschaftliche Zusammenarbeit mit lokalen Organisationen und die aktive Partizipation der Zielgruppen an der Planung und Durchführung der Projektmaßnahmen. [27]

1.11 Fort- und Weiterbildung

Um den Anforderungen gerecht zu werden, über fachlich kompetente Mitarbeiter zu verfügen, bietet die AWO Schulungen, Fort- und Weiterbildungen an. Die wichtigste Fortbildungseinrichtung der AWO ist die Akademie Helene Simon. Die AWO Akademie

---

[24] Grundsatzprogramm (1999), S. 18.
[25] Niedrig, H. (1987), S. 148 f.
[26] Niedrig, H. (1987), S. 71 f.
[27] Homepage AWO International, s.u.

wurde 1999 mit dem Hauptsitz in Bonn gegründet. Sie verfügt über ein breites Dienstleistungsangebot wie Seminare, Kongresse, Fachtagungen, Supervision etc. in den Bereichen der Sozialen Arbeit. Ziel ist die Kompetenzentwicklung von ehren- und hauptamtlichen Mitarbeitern und Mitarbeiterinnen, was zusätzlich der Weiterentwicklung der Sozialen Arbeit über den Verband helfen soll.[28]

2. Schlussbemerkung

Wie man den Aufgabenbereichen in den Punkten 1.1 bis 1.11 entnehmen kann, verfügt die AWO über eine Vielzahl sozialer Dienstleistungen auf den Gebieten der Sozialen Arbeit. Allerdings ist es ungewiss, ob in den nächsten Jahren weiterhin eine solche Vielfalt an Angeboten zu verzeichnen ist. Es wird mit einem Sinken der Mitgliedszahlen gerechnet. Ein Grund dafür ist, dass die meisten Angebote, die innerhalb der AWO gemacht werden, attraktiv für ältere Menschen sind, die jüngere Gesellschaft jedoch nicht ansprechen. Wie in Punkt 1.5 angesprochen wurde, ist die Altenarbeit das größte Aufgabengebiet der AWO. Daher ist die Mitgliederzahl der über 60-jährigen Mitglieder daher am größten. Die Attraktivität der Angebote für jüngere Menschen und somit die Motivation für diejenige Altersgruppe, Mitglied bei der AWO zu werden, ist weniger gegeben. Auf Grund der Marktöffnung und des damit einhergehenden verstärkten Wettbewerbs steht die AWO in Konkurrenz gegenüber den Spitzenverbänden der Freien Wohlfahrtspflege. Wolfgang Klug hat sich zum Thema Wettbewerb folgendermaßen geäußert:

„Wenn ein Wohlfahrtsverband auf dem Markt überleben will, muss er im Wettbewerb leistungsfähiger, flexibler und kundenfreundlicher sein..."[29].

Während andere Wohlfahrtsverbände wie beispielsweise Caritas und Diakonie mit einer eindeutigen Zielsetzung, der Verbundenheit mit der Kirche, ihre Mitglieder finden, ist die Zielsetzung der AWO teilweise zu untransparent. Die AWO muss u.a. mehr attraktive Angebote für alle Alterklassen machen, um auf dem Markt bestehen zu bleiben.

---

[28] Homepage AWO, s.u.
[29] Klug, W. (1997), S. 230.

4. Literatur- und Quellenverzeichnis

Literatur

- Boeßenecker, K-H. (Hg.) (1995). Spitzenverbände der Freien Wohlfahrtspflege in der BRD. Eine Einführung in Organisationsstrukturen und Handlungsfelder. Münster: VOTUM.

- Hoffmann, H. (Hg.) (1989). Der Kindergarten der Arbeiterwohlfahrt. Geschichte, Gegenwart, Zukunftsperspektiven. Arbeit zur 1. Staatsprüfung Sek. II. Dortmund: Universität.

- Klug, W. (Hg) (1997). Wohlfahrtsverbände zwischen Markt, Staat und Selbsthilfe. Freiburg i.B.: Lambertus.

- Niedrig, H. (Hg.) (1987). Arbeiterwohlfahrt. Verband für soziale Arbeit – Geschichte, Selbstverständnis, Arbeitsfelder, Daten. Wiesbaden: Wirtschaftsverlag.

Quellen

- Arbeiterwohlfahrt Bundesverband Bonn, e.V. (Hg.) (1999): Grundsatzprogramm der Arbeiterwohlfahrt.
  http://www.awo.org/pub/awo_bv/bv/grundsatzprogramm.html/view

- Landesarbeitsgemeinschaft der Arbeiterwohlfahrt in NRW (2002): Informationen. Die Arbeiterwohlfahrt in NRW.
  http://www.awo-owl.de/pages/wirueberuns/dieawoinowl.html

- Hoffmann, H. (2002): Kindertageseinrichtungen in der Arbeiterwohlfahrt.
  http://www.awo.org/pub/kinder/kita/AWO_kita/index.html/view

- Homepage der AWO
  http://www.awo.org/pub/pub/akademie/orga/orga2/index.html?openmenu=3

- Homepage der AWO International e.V.
  http://www.awointernational.de/aufgaben_ziele.html
  http://www.awointernational.de/projekte.html